Pflanzliche Heilmittel gegen flachen Bauch

Die natürlichen medizinischen Lösungen zur Reduzierung von Bauchfett, zur Verbesserung der Verdauung und zur Linderung von Blähungen

NatureCures Press

Inhaltsverzeichnis

Einführung

Willkommen bei Herbal Remedies for Flat Tummy, einem umfassenden Leitfaden zur Erkundung natürlicher medizinischer Lösungen zur Reduzierung von Bauchfett, zur Verbesserung der Verdauung und zur Linderung von Blähungen. In diesem Leitfaden befassen wir uns mit der komplizierten Beziehung zwischen Kräutern und einem gesunden Bauch und möchten Ihnen wertvolle Einblicke in die Erreichung und Erhaltung eines flachen Bauches durch pflanzliche Heilmittel geben.

Ein gesunder Mittelteil ist nicht nur ästhetisch ansprechend, sondern auch entscheidend für das allgemeine Wohlbefinden. Bauchfett, das oft als hartnäckig gilt, kann erhebliche Gesundheitsrisiken bergen. Das Verständnis der Nuancen des Bauchfetts ist der erste Schritt zu seiner wirksamen Reduzierung. Wir werden die verschiedenen Arten von Bauchfett und die Faktoren untersuchen, die zu seiner Ansammlung beitragen, und ein grundlegendes Verständnis der dahinter stehenden Wissenschaft schaffen.

Über den kosmetischen Aspekt hinaus kann überschüssiges Bauchfett zu gesundheitlichen Problemen wie Herz-Kreislauf-Erkrankungen und Diabetes führen. Ziel dieses Kapitels ist es, Licht auf die gesundheitlichen Auswirkungen von Bauchfett zu werfen und die Bedeutung ganzheitlicher Ansätze für dessen Reduzierung hervorzuheben.

Wie pflanzliche Heilmittel dabei helfen können, einen flachen Bauch zu erreichen

Kräuter sind seit Jahrhunderten ein fester Bestandteil traditioneller Medizinsysteme und bieten eine Fülle natürlicher Heilmittel. Im Zusammenhang mit der Erreichung eines flachen Bauches ist es wichtig zu verstehen, welche entscheidende Rolle Kräuter spielen können. Wir werden die Wissenschaft hinter pflanzlichen Heilmitteln diskutieren und untersuchen, wie bestimmte Kräuter die Verdauung unterstützen, den Stoffwechsel ankurbeln und zur Gewichtsabnahme beitragen.

Kräuter besitzen eine Reihe von Eigenschaften, die bei der Bekämpfung der Ursachen von Bauchfett helfen können, sei es eine träge Verdauung, hormonelle Ungleichgewichte oder Entzündungen. Dieses Kapitel bietet eine detaillierte Untersuchung der spezifischen Art und Weise, wie pflanzliche Heilmittel mit dem Körper interagieren, um einen gesünderen Mittelteil zu fördern.

Kapitel 1

Die Wissenschaft hinter Bauchfett

Bauchfett, wissenschaftlich als viszerales Fett bekannt, ist ein komplexer und dynamischer Aspekt der menschlichen Physiologie, der über seine visuelle Manifestation hinausgeht. Das Verständnis der Wissenschaft hinter Bauchfett ist von entscheidender Bedeutung für die Formulierung wirksamer Strategien zur Reduzierung des Bauchfetts und zur Verbesserung der allgemeinen Gesundheit.

Erkundung der verschiedenen Arten von Bauchfett

Bauchfett, wissenschaftlich als viszerales Fett bekannt, ist ein komplexer und dynamischer Aspekt der menschlichen Physiologie, der über seine visuelle Manifestation hinausgeht. Das Verständnis der Wissenschaft hinter Bauchfett ist von entscheidender Bedeutung für die Formulierung wirksamer Strategien zur Reduzierung des

Bauchfetts und zur Verbesserung der allgemeinen Gesundheit.

Viszerales Fett ist keine einheitliche Einheit; Vielmehr besteht es aus verschiedenen Typen mit einzigartigen Eigenschaften und Auswirkungen auf die Gesundheit. Subkutanes Fett, das Fettgewebe unter der Haut, unterscheidet sich vom viszeralen Fett, das innere Organe umgibt. Während subkutanes Fett Funktionen wie Isolierung und Energiespeicherung hat, birgt viszerales Fett aufgrund seiner Nähe zu lebenswichtigen Organen ein größeres Gesundheitsrisiko.

Im Bereich des viszeralen Fetts gibt es verschiedene Kompartimente. Bei manchen Personen sammelt sich das Fett vorwiegend im Bereich der Leber an, was als Leberfett bezeichnet wird, während bei anderen eine höhere Konzentration im Bereich des Darms auftritt, was als Omentumfett bezeichnet wird. Das Verständnis dieser Nuancen ist von entscheidender Bedeutung, da die Fettverteilung die gesundheitlichen Ergebnisse unterschiedlich beeinflussen kann.

Untersuchungen zeigen, dass viszerales Fett stoffwechselaktiv ist und Hormone und Zytokine produziert, die verschiedene Körperfunktionen beeinflussen können. Es schüttet beispielsweise Adiponektin aus, ein Hormon, das mit der Insulinsensitivität verbunden ist, setzt aber auch entzündungsfördernde Stoffe frei. Diese dynamische Interaktion unterstreicht die Notwendigkeit eines differenzierten Ansatzes bei der Behandlung verschiedener Arten von Bauchfett.

Darüber hinaus kann die unterschiedliche Fettverteilung bei verschiedenen Personen durch genetische Faktoren beeinflusst werden. Das Verständnis dieser genetischen Veranlagungen gibt Aufschluss darüber, warum manche Menschen möglicherweise anfälliger für die Ansammlung von viszeralem Fett sind als andere. Diese Untersuchung der verschiedenen Arten von Bauchfett vermittelt ein grundlegendes Verständnis der damit verbundenen Feinheiten und ebnet den Weg für gezielte Ansätze zur Fettreduzierung.

Die Faktoren verstehen, die zur Ansammlung von Bauchfett beitragen

Die Ansammlung von Bauchfett ist ein vielschichtiges Phänomen, das von einer Vielzahl von Faktoren beeinflusst wird, die über das bloße Kalorienungleichgewicht hinausgehen. Genetische Veranlagung, Lebensstilentscheidungen, hormonelle Schwankungen und altersbedingte Veränderungen spielen alle eine wichtige Rolle bei der Entstehung von überschüssigem Bauchfett.

Insbesondere die Genetik kann einen erheblichen Einfluss auf die Neigung eines Menschen zur Ansammlung von Bauchfett haben. Die Forschung hat spezifische genetische Marker identifiziert, die mit abdominaler Fettleibigkeit in Zusammenhang stehen, und gibt Aufschluss darüber, warum manche Personen möglicherweise eher dazu neigen, Fett im Bauchbereich anzusammeln. Die Anerkennung dieser genetischen Faktoren ist entscheidend für die Entwicklung personalisierter Strategien zur Reduzierung des Bauchfetts.

Die Wahl des Lebensstils, einschließlich Ernährungsgewohnheiten und körperlicher Aktivität, trägt entscheidend zur Ansammlung von Bauchfett bei. Eine Ernährung, die reich an raffiniertem Zucker und gesättigten Fetten ist, gepaart mit einer sitzenden Lebensweise, schafft ein günstiges Umfeld für die Fettspeicherung, insbesondere im Bauchbereich. Das Verständnis der Auswirkungen dieser Lebensstilentscheidungen unterstreicht die Bedeutung umfassender Interventionen, die sowohl Ernährungs- als auch Bewegungsmuster berücksichtigen.

Hormonelle Schwankungen spielen eine wichtige Rolle bei der Ansammlung von Bauchfett, wobei Ungleichgewichte im Insulin- und Cortisolspiegel eine wesentliche Rolle spielen. Eine Insulinresistenz, die oft mit einer Ernährung mit hohem Anteil an verarbeiteten Lebensmitteln einhergeht, kann zu einer erhöhten Fetteinlagerung im Bauchbereich führen. Ein erhöhter Cortisolspiegel, eine Reaktion auf chronischen Stress, kann dieses Problem noch verschlimmern, indem er die Fettablagerung im Bauchbereich fördert.

Auch altersbedingte Veränderungen im Stoffwechsel tragen zur Ansammlung von Bauchfett bei. Mit zunehmendem Alter kommt es tendenziell zu einem Rückgang der Muskelmasse, was zu einem Rückgang des Grundumsatzes führt. Dies erleichtert die Gewichtszunahme, insbesondere im Bauchbereich, und erschwert das Abnehmen. Das Verständnis der Auswirkungen des Alters auf den Stoffwechsel liefert Einblicke in die Herausforderungen, die sich bei der Bekämpfung von Bauchfett mit zunehmendem Alter ergeben können.

Im Wesentlichen ist das Verständnis der verschiedenen Faktoren, die zur Ansammlung von Bauchfett beitragen, von entscheidender Bedeutung für die Entwicklung wirksamer und gezielter Strategien zu deren Reduzierung. Durch die Anerkennung der Rolle der Genetik, der Wahl des Lebensstils, hormoneller Ungleichgewichte und altersbedingter Veränderungen können Einzelpersonen ihre Ansätze so anpassen, dass sie die spezifischen Faktoren berücksichtigen, die ihr Bauchfett beeinflussen.

Bedeutung eines ganzheitlichen Ansatzes zur Reduzierung des Bauchfetts

Um die Reduzierung des Bauchfetts ganzheitlich anzugehen, müssen die Zusammenhänge verschiedener Faktoren erkannt werden, die die Ansammlung von Bauchfett beeinflussen, und umfassende Änderungen des Lebensstils vorgenommen werden. Die alleinige Konzentration auf isolierte Maßnahmen wie Crash-Diäten oder bestimmte Übungen führt oft nur zu begrenztem Erfolg und geht nicht auf die zugrunde liegenden Probleme ein, die zur Ansammlung von Bauchfett führen.

Ein ganzheitlicher Ansatz berücksichtigt die vielfältigen Aspekte des Lebens eines Menschen, die zur Ansammlung von Bauchfett beitragen, und legt dabei Wert auf die Integration von Ernährungsumstellungen, regelmäßiger körperlicher Aktivität, Stressbewältigung und ausreichend Schlaf. Bei diesem Ansatz wird berücksichtigt, dass eine wirksame Reduzierung des Bauchfetts eine Kombination von Maßnahmen erfordert, die gemeinsam an den Grundursachen ansetzen.

Die Ernährung spielt bei jedem ganzheitlichen Ansatz zur Bauchfettreduzierung eine entscheidende Rolle. Der Schwerpunkt auf Vollwertkost, die Einbeziehung einer Vielzahl nährstoffreicher Obst- und Gemüsesorten und die Entscheidung für magere Proteinquellen tragen zu einer ausgewogenen und unterstützenden Ernährung bei. Die Aufnahme von Ballaststoffen unterstützt die Verdauung und fördert das Sättigungsgefühl, wodurch die Wahrscheinlichkeit einer übermäßigen Nahrungsaufnahme verringert wird.

Regelmäßige körperliche Aktivität ist ein Grundstein für eine ganzheitliche Bauchfettreduktion. Sowohl Aerobic-Übungen wie Laufen oder Schwimmen als auch Krafttraining tragen zur Kalorienverbrennung und Stoffwechselsteigerung bei. Darüber hinaus trägt Krafttraining zum Aufbau von Muskelmasse bei, was sich positiv auf den Stoffwechsel auswirken und zum Verlust von viszeralem Fett beitragen kann.

Stressbewältigung wird oft unterschätzt, ist aber ein entscheidender Bestandteil einer ganzheitlichen Bauchfettreduktion. Chronischer Stress kann zu einem erhöhten Cortisolspiegel führen und die Fettspeicherung, insbesondere im Bauchbereich, fördern. Die Einbeziehung stressreduzierender Aktivitäten wie Meditation, Yoga oder Achtsamkeitsübungen trägt dazu bei, den Cortisolspiegel zu regulieren und die Auswirkungen von Stress auf die Ansammlung von Bauchfett zu mildern.

Ausreichender Schlaf ist ein grundlegender, aber oft übersehener Aspekt eines ganzheitlichen Ansatzes zur Bauchfettreduzierung. Schlaf beeinflusst den Hormonhaushalt, insbesondere die Regulierung von Appetithormonen wie Leptin und Ghrelin. Schlafmangel kann diese Hormone stören, was zu erhöhtem Verlangen und übermäßigem Essen führt und zur Ansammlung von Bauchfett beiträgt.

Kapitel 2

Kräuter für eine gesunde Verdauung

Kräuter werden seit Jahrhunderten wegen ihrer therapeutischen Eigenschaften verehrt, und wenn es um die Gesundheit des Verdauungssystems geht, ist ihre Rolle besonders bemerkenswert.

Übersicht über verdauungsfördernde Kräuter

Kräuter sind seit langem für ihr Potenzial zur Förderung der Verdauungsgesundheit bekannt. Eine Vielzahl von Kräutern verfügt über Eigenschaften, die den Verdauungsprozess unterstützen und häufige Probleme wie Blähungen, Verdauungsstörungen und träge Verdauung bekämpfen. Zu einer bemerkenswerten Gruppe verdauungsfördernder Kräuter gehören Karminativa, die für ihre Fähigkeit bekannt sind, Blähungen und Blähungen zu lindern.

Zu den bekanntesten Verdauungskräutern gehört die Pfefferminze, die für ihre beruhigende Wirkung auf den Magen-Darm-Trakt bekannt ist. Der Wirkstoff der Pfefferminze, Menthol, hilft, die Muskeln des Magen-Darm-Trakts zu entspannen und so Symptome von Verdauungsstörungen zu lindern. Darüber hinaus ist Ingwer mit seinen entzündungshemmenden und übelkeitshemmenden Eigenschaften dafür bekannt, die Verdauung zu unterstützen, indem er den Fluss der Verdauungssäfte fördert.

Fenchel, ein aromatisches Kraut mit mildem Lakritzgeschmack, ist ein weiteres Verdauungskraftwerk. Seine verdauungsfördernden Eigenschaften helfen, den Verdauungstrakt zu beruhigen und Blähungen zu reduzieren. Kamille, die oft als beruhigender Tee getrunken wird, besitzt entzündungshemmende Eigenschaften, die zu ihren verdauungsfördernden Eigenschaften beitragen. Diese Kräuter tragen unter anderem gemeinsam zu einem ganzheitlichen Ansatz für die Gesundheit des Verdauungssystems bei.

Das Verständnis der Mechanismen, durch die diese Kräuter die Verdauung unterstützen, liefert Einblicke in ihre therapeutischen Anwendungen. Von der Förderung der Sekretion von

Verdauungsenzymen bis hin zur Entspannung der Muskeln des Verdauungstrakts wirken diese Kräuter synergetisch und verbessern die allgemeine Verdauungsfunktion. Dieser Überblick bereitet die Bühne für eine tiefere Erkundung der spezifischen Möglichkeiten, wie Kräuter für das Wohlbefinden des Verdauungssystems genutzt werden können.

Kräutertees für eine verbesserte Verdauung

Kräutertees sind eine wunderbare und leicht zugängliche Möglichkeit, verdauungsfördernde Kräuter in die eigene Routine zu integrieren und gleichzeitig ein beruhigendes und wohltuendes Erlebnis zu bieten. Verschiedene Kräutertees werden für ihre verdauungsfördernde Wirkung geschätzt und bieten eine natürliche und angenehme Möglichkeit, die komplizierten Verdauungsprozesse zu unterstützen.

Pfefferminztee, der aus den Blättern der Pfefferminzpflanze gewonnen wird, ist weithin für seine Fähigkeit bekannt, Verdauungsbeschwerden zu lindern. Das Menthol in der Pfefferminze entspannt nicht nur die Muskeln des Magen-Darm-Trakts, sondern hilft auch, die Symptome des Reizdarmsyndroms (IBS) zu lindern. Ein Schluck einer warmen Tasse Pfefferminztee nach einer Mahlzeit kann die Verdauung sanft und dennoch effektiv ankurbeln.

Kamillentee, gewonnen aus den Blüten der Kamillenpflanze, ist für seine entzündungshemmenden und beruhigenden Eigenschaften bekannt. Kamillentee fördert nicht nur die Entspannung und reduziert Stress, sondern kann auch Verdauungsstörungen und Blähungen lindern. Aufgrund seiner sanften Natur ist es eine geeignete Wahl für Menschen mit empfindlichem Verdauungssystem.

Ingwertee, hergestellt aus dem Rhizom der Ingwerpflanze, ist eine pikante und belebende Variante zur Unterstützung der Verdauung. Gingerol, der Wirkstoff im Ingwer, besitzt entzündungshemmende und gegen Übelkeit wirkende Eigenschaften. Ingwertee kann den Verdauungsprozess anregen und ist daher besonders wohltuend für Menschen, die unter einer trägen Verdauung leiden.

Fencheltee, gebraut aus Fenchelsamen, ist ein weiterer Kräutertee mit bemerkenswerter verdauungsfördernder Wirkung. Seine verdauungsfördernden Eigenschaften helfen, Blähungen und Blähungen zu lindern, was es zur ersten Wahl für alle macht, die eine angenehme Verdauung suchen. Der mild-süße und aromatische Geschmack des Fencheltees verleiht dem Gesamterlebnis eine köstliche Note.

Schon das Trinken von Kräutertees trägt zum Wohlbefinden der Verdauung bei. Die Wärme des Tees kann eine beruhigende Wirkung auf den Verdauungstrakt haben, die Entspannung fördern und den gesamten Verdauungsprozess unterstützen. Der rituelle Aspekt des Genusses einer Tasse Kräutertee verleiht dem Erlebnis auch ein achtsames Element und ermutigt den Einzelnen, den Moment zu genießen und bei seinen Verdauungsprozessen präsent zu sein.

Verdauungskräuter in die tägliche Routine integrieren

Die Integration von Verdauungskräutern in die tägliche Routine geht über den Bereich der Tees hinaus und bietet vielfältige und kreative Möglichkeiten, ihre Vorteile zu nutzen. Von kulinarischen Anwendungen bis hin zu pflanzlichen Nahrungsergänzungsmitteln gibt es zahlreiche Möglichkeiten für Einzelpersonen, Verdauungskräuter nahtlos in ihren Lebensstil zu integrieren.

Im Bereich der kulinarischen Erkundung verbessern Kräuter wie Basilikum, Koriander und Dill nicht nur das Geschmacksprofil von Gerichten, sondern tragen auch zur Gesundheit des Verdauungssystems bei. Diese Kräuter besitzen verdauungsfördernde Eigenschaften, unterstützen die Fettverdauung und fördern den allgemeinen Verdauungskomfort. Die Einarbeitung frischer Kräuter in Salate, Suppen und verschiedene Gerichte steigert nicht nur das kulinarische Erlebnis, sondern sorgt auch für einen Nährstoff- und Verdauungsschub.

Für diejenigen, die Bequemlichkeit suchen, bieten pflanzliche Nahrungsergänzungsmittel eine konzentrierte und wirksame Form der Verdauungsunterstützung.
Nahrungsergänzungsmittel mit Verdauungsenzymen, die oft Kräuter wie Ingwer und Pfefferminze

enthalten, können dem Körper dabei helfen, Nährstoffe effizienter abzubauen und aufzunehmen. Diese Nahrungsergänzungsmittel sind besonders vorteilhaft für Personen mit Erkrankungen wie Pankreasinsuffizienz oder anderen Verdauungsstörungen.

Aus Verdauungskräutern gewonnene ätherische Öle eröffnen eine weitere Möglichkeit für die tägliche Anwendung. Die Zugabe eines Tropfens ätherischen Pfefferminzöls zu einem Glas Wasser oder das Einatmen seines Aromas kann schnelle Linderung bei Verdauungsbeschwerden verschaffen. Ebenso kann ätherisches Ingweröl, das für seine wärmenden und beruhigenden Eigenschaften bekannt ist, verdünnt und äußerlich auf den Bauch aufgetragen werden, um die Verdauung zu erleichtern.

Im Kontext eines ganzheitlichen Wohlbefindens ergänzt die Einbeziehung von Achtsamkeitspraktiken in die tägliche Routine die verdauungsfördernden Vorteile von Kräutern. Praktiken wie achtsames Essen, bei dem der Einzelne jeden Bissen genießt und auf das sensorische Erlebnis der Nahrung achtet, tragen zu einer optimalen Verdauung bei. Achtsame Praktiken fördern nicht nur eine tiefere Verbindung zum Akt des Essens, sondern fördern auch einen entspannten Zustand, der die Verdauungsprozesse begünstigt.

Kapitel 3

Pflanzliche Heilmittel zur Reduzierung des Bauchfetts

Rolle von Kräutern bei der Stoffwechselankurbelung

Der komplizierte Zusammenhang zwischen Kräutern und dem Stoffwechsel ist seit langem bekannt, und bei der Reduzierung des Bauchfetts ist das Verständnis der Rolle von Kräutern bei der Stoffwechselankurbelung von entscheidender Bedeutung. Der Stoffwechsel, die komplexe Reihe biochemischer Prozesse, die Nahrung in Energie umwandeln, spielt eine zentrale Rolle bei der Bestimmung, wie effizient der Körper Kalorien nutzt. Kräuter können mit ihrem vielfältigen Spektrum an bioaktiven Verbindungen die Stoffwechselfunktionen beeinflussen und verbessern.

Mehrere Kräuter sind für ihre Fähigkeit bekannt, den Stoffwechsel anzuregen und den

Kalorienverbrauch zu fördern. Ein solches Kraut ist grüner Tee, der für seinen hohen Gehalt an Catechinen, insbesondere Epigallocatechingallat (EGCG), bekannt ist. Untersuchungen legen nahe, dass EGCG den Stoffwechsel ankurbeln und so die Kalorienverbrennung des Körpers steigern kann. Die Einbeziehung von grünem Tee in die eigene Routine, sei es durch traditionelles Aufbrühen oder als Ergänzung, kann ein strategischer Schritt zur Unterstützung von Stoffwechselprozessen sein.

Cayennepfeffer, bekannt für seinen würzigen Kick, enthält Capsaicin, eine Verbindung, die mit einer stoffwechselanregenden Wirkung verbunden ist. Es wurde festgestellt, dass Capsaicin die Thermogenese steigert, bei der der Körper Wärme erzeugt und Energie verbraucht. Durch die Einbeziehung von Cayennepfeffer in Mahlzeiten oder die Wahl von Nahrungsergänzungsmitteln können Einzelpersonen seine stoffwechselanregenden Eigenschaften nutzen, um die Reduzierung des Bauchfetts zu unterstützen.

Ingwer wird neben seinen verdauungsfördernden Vorteilen auch mit einer positiven Wirkung auf den Stoffwechsel in Verbindung gebracht. Gingerol, der Wirkstoff im Ingwer, weist thermogene

Eigenschaften auf und trägt zu einer erhöhten Kalorienverbrennung bei. Ob im Tee, zu Gerichten oder als Nahrungsergänzung: Ingwer ist ein vielseitiges Kraut, das die Stoffwechselfunktionen unterstützen kann.

Darüber hinaus werden Kräuter wie Zimt mit einer verbesserten Insulinsensitivität in Verbindung gebracht und beeinflussen die Art und Weise, wie der Körper Zucker verarbeitet und den Blutzuckerspiegel reguliert. Durch die Verbesserung der Insulinsensitivität kann Zimt zu einer besseren Stoffwechselregulierung beitragen und möglicherweise die Fähigkeit des Körpers beeinflussen, Fette zu speichern und zu verwerten. Die Aufnahme von Zimt in die Ernährung, sei es in Rezepten oder über Getränke gestreut, bietet eine geschmackvolle und stoffwechselanregende Option.

Die Rolle von Kräutern bei der Stoffwechselankurbelung geht über einzelne Komponenten hinaus; es umfasst die Synergie verschiedener zusammenarbeitender Verbindungen. Kräuter bieten einen ganzheitlichen Ansatz für den Stoffwechsel und beeinflussen Faktoren wie Thermogenese, Insulinsensitivität und

Nährstoffverteilung. Das Verständnis der spezifischen Mechanismen, durch die Kräuter zu Stoffwechselfunktionen beitragen, versetzt den Einzelnen in die Lage, wirksame Strategien zur Reduzierung des Bauchfetts zu entwickeln.

Pflanzliche Nahrungsergänzungsmittel zur Unterstützung der Gewichtsabnahme

Im Bereich der Gewichtsabnahme ist das Interesse an pflanzlichen Nahrungsergänzungsmitteln gestiegen, da Menschen nach natürlichen und ganzheitlichen Ansätzen zum Abnehmen überschüssiger Pfunde suchen. Pflanzliche Nahrungsergänzungsmittel, die aus einer Vielzahl von Pflanzen und Pflanzenstoffen gewonnen werden, bieten ein vielfältiges Spektrum an Verbindungen, die möglicherweise die Bemühungen zur Gewichtsabnahme unterstützen können. Um die Rolle pflanzlicher Nahrungsergänzungsmittel bei der Gewichtsabnahme zu verstehen, müssen ihre Mechanismen, potenziellen Vorteile und Überlegungen zur sicheren und wirksamen Anwendung untersucht werden.

Ein bemerkenswertes pflanzliches Nahrungsergänzungsmittel, das große Aufmerksamkeit erregt hat, ist Garcinia Cambogia. Dieses aus der Schale der Garcinia Cambogia-Frucht gewonnene Nahrungsergänzungsmittel enthält Hydroxyzitronensäure (HCA), von der angenommen wird, dass sie ein Enzym hemmt, das bei der Fettspeicherung eine Rolle spielt. Einige Studien deuten darauf hin, dass Garcinia Cambogia in Kombination mit einer gesunden Ernährung und Bewegung zu einer leichten Gewichtsabnahme beitragen kann. Es ist jedoch wichtig zu beachten, dass die individuellen Reaktionen auf dieses Nahrungsergänzungsmittel unterschiedlich sein können und seine Wirksamkeit weiterhin Gegenstand laufender Forschung ist.

Grüner Kaffeebohnenextrakt ist ein weiteres pflanzliches Nahrungsergänzungsmittel, das im Bereich der Gewichtsabnahme Interesse geweckt hat. Grüne Kaffeebohnen enthalten vor dem Röstvorgang Chlorogensäure, von der angenommen wird, dass sie potenzielle Auswirkungen auf den Stoffwechsel und die Fettaufnahme hat. Während einige Studien auf eine geringfügige Reduzierung des Körpergewichts durch Extrakt aus grünen Kaffeebohnen hinweisen, sind weitere Untersuchungen erforderlich, um die langfristigen Auswirkungen und die optimale Verwendung vollständig zu verstehen.

Bestimmte Kräuter wie Forskolin, das aus den Wurzeln der indischen Coleus-Pflanze gewonnen wird, wurden auf ihren möglichen Einfluss auf die Gewichtsabnahme untersucht. Es wird angenommen, dass Forskolin die Produktion von cAMP stimuliert, einem Molekül, das eine Rolle bei der zellulären Signalübertragung spielt. Einige Studien deuten darauf hin, dass Forskolin den Abbau gespeicherter Fette fördern kann. Die Forschung zu Forskolin befindet sich jedoch noch in einem frühen Stadium und es sind weitere Beweise erforderlich, um seine Wirksamkeit und Sicherheit bei der Gewichtsabnahme zu belegen.

Neben bestimmten Kräuterextrakten sind auf dem Markt auch Kräutermischungen zur Gewichtsabnahme weit verbreitet. Diese Mischungen kombinieren oft eine Vielzahl von Kräutern, die für ihre potenzielle Wirkung auf den Stoffwechsel, die Appetitregulierung und den

Fettstoffwechsel bekannt sind. Inhaltsstoffe wie Grüntee-Extrakt, Garcinia Cambogia und Cayennepfeffer können in diesen Formulierungen kombiniert werden, um einen synergistischen Effekt zu erzielen, der auf mehrere Aspekte der Gewichtsabnahme abzielt.

Es ist wichtig, pflanzliche Nahrungsergänzungsmittel zur Gewichtsabnahme mit einer kritischen Einstellung anzugehen. Während einige Kräuter bei der Unterstützung von Abnehmzielen vielversprechend sein können, sind sie keine Wunderlösung. Gewichtsverlust bleibt ein komplexes Zusammenspiel verschiedener Faktoren, darunter Ernährung, körperliche Aktivität und allgemeiner Lebensstil. Pflanzliche Nahrungsergänzungsmittel sollten einen ganzheitlichen Ansatz zur Gewichtskontrolle ergänzen und nicht als Einzellösung dienen.

Darüber hinaus spielen Qualität und Reinheit pflanzlicher Nahrungsergänzungsmittel eine entscheidende Rolle für deren Wirksamkeit und Sicherheit. Die Auswahl seriöser Marken, die Beratung durch medizinisches Fachpersonal und die Kenntnis möglicher Nebenwirkungen sind wesentliche Überlegungen bei der Einbeziehung pflanzlicher Nahrungsergänzungsmittel in die Abnehmkur. Wie bei allen Nahrungsergänzungsmitteln sollten pflanzliche Formulierungen mit Vorsicht angegangen werden, insbesondere bei Personen mit Grunderkrankungen oder bei der Einnahme von Medikamenten.

Erstellen von Kräutermischungen zur Reduzierung des Bauchfetts

Die Kunst der Kräuterheilkunde geht über einzelne Kräuter und Nahrungsergänzungsmittel hinaus; Es umfasst die harmonische Mischung verschiedener Pflanzenstoffe, um Kräuterkombinationen zu schaffen, die auf bestimmte Zwecke zugeschnitten sind. Im Zusammenhang mit der Reduzierung des Bauchfetts wird die Herstellung von Kräutermischungen zu einem nuancierten und kreativen Unterfangen. In diesem Kapitel werden die Prinzipien hinter der Herstellung von Kräutermischungen zur gezielten Fettreduzierung, die Synergie wichtiger Kräuter und praktische Tipps für die Integration dieser Mischungen in die tägliche Routine untersucht.

Prinzipien hinter der Herstellung von Kräutermischungen

Die Herstellung wirksamer Kräutermischungen zur Reduzierung des Bauchfetts erfordert eine sorgfältige Betrachtung der Eigenschaften und Synergien einzelner Kräuter. Jedes Kraut bietet einzigartige Verbindungen und Vorteile, und wenn sie strategisch kombiniert werden, können sie eine Mischung ergeben, die mehrere Aspekte des Fettstoffwechsels und des allgemeinen Wohlbefindens anspricht.

Ein Grundprinzip ist das Verständnis der thermogenen Eigenschaften bestimmter Kräuter. Kräuter wie Cayennepfeffer und Ingwer, die für ihre Fähigkeit bekannt sind, im Körper Wärme zu erzeugen, können zu einem erhöhten Kalorienverbrauch beitragen. Die Einbeziehung dieser thermogenen Kräuter in Mischungen kann den Körper dabei unterstützen, zusätzliche Kalorien zu verbrennen, was möglicherweise zur Reduzierung gespeicherter Fette beiträgt.

Ein weiteres Prinzip dreht sich um Kräuter, die die Verdauung und Stoffwechselfunktionen unterstützen. Kräuter wie Löwenzahn, Fenchel und Pfefferminze können zur Optimierung der Verdauung beitragen und dafür sorgen, dass Nährstoffe effektiv vom Körper aufgenommen und verwertet werden. Ein gut funktionierendes Verdauungssystem ist für die allgemeine Gesundheit von entscheidender Bedeutung und spielt eine entscheidende Rolle für die Fähigkeit des Körpers, das Gewicht zu kontrollieren.

Darüber hinaus kann die Einbeziehung von Kräutern mit adaptogenen Eigenschaften in Mischungen von Vorteil sein. Adaptogene wie Rhodiola und heiliges Basilikum helfen dem Körper, sich an Stress anzupassen und das Gleichgewicht zu halten. Stressbewältigung ist ein entscheidender Aspekt der Bauchfettreduzierung, da chronischer Stress zur Ansammlung von viszeralem Fett beitragen kann. Mischungen mit adaptogenen Kräutern zielen darauf ab, das allgemeine Wohlbefinden und die Widerstandsfähigkeit gegenüber Stressfaktoren zu fördern.

Das Verständnis der Geschmacksprofile von Kräutern ist auch wichtig für die Kreation von Mischungen, die genussvoll und wohlschmeckend sind. Durch die Mischung bitterer Kräuter wie Löwenzahn mit aromatischen und beruhigenden Kräutern wie Kamille kann ein abgerundetes Geschmacksprofil entstehen, das nicht nur die Verdauung fördert, sondern die Kräutermischung auch schmackhafter für den Gaumen macht.

Synergie wichtiger Kräuter in Mischungen zur Reduzierung des Bauchfetts

Synergie ist die Magie, die entsteht, wenn verschiedene Kräuter zusammenarbeiten, sich gegenseitig in ihren Eigenschaften verstärken und eine stärkere Wirkung erzielen als einzelne Kräuter allein. Im Zusammenhang mit der Reduzierung des Bauchfetts zeigen bestimmte wichtige Kräuter bei sorgfältiger Kombination eine bemerkenswerte Synergie.

Grüner Tee, bekannt für seine stoffwechselanregenden Eigenschaften, kann ein Eckpfeiler von Mischungen zur Reduzierung des Bauchfetts sein. Sein hoher Catechingehalt, insbesondere EGCG, ergänzt die thermogene Wirkung von Kräutern wie Cayennepfeffer. Die Mischung von grünem Tee mit Pfefferminze und Ingwer ergibt nicht nur einen aromatischen Aufguss, sondern kombiniert auch Kräuter, die die Verdauung unterstützen und die allgemeine Stoffwechselwirkung der Mischung verstärken.

Löwenzahn und Fenchel, die beide für ihre verdauungsfördernde Wirkung bekannt sind, harmonieren gut in Mischungen zur Bauchfettreduzierung. Die Bitterstoffe des Löwenzahns regen die Verdauung und die Leberfunktion an, während die verdauungsfördernden Eigenschaften des Fenchels helfen, Blähungen zu lindern. Die Kombination dieser Kräuter mit einem Hauch Zitronenmelisse oder Minze kann zu einer erfrischenden Mischung führen, die die Verdauung unterstützt.

Kurkuma mit seinem Wirkstoff Curcumin wird für seine entzündungshemmenden Eigenschaften geschätzt. Die Einbeziehung von Kurkuma in Mischungen zur Reduzierung des Bauchfetts trägt nicht nur zur Verringerung von Entzündungen, sondern auch zur allgemeinen Stoffwechselgesundheit bei. Durch die Kombination von Kurkuma mit schwarzem Pfeffer, der die Aufnahme von Curcumin fördert, entsteht ein dynamisches Duo in Kräutermischungen.

Zimt, der für sein Potenzial zur Verbesserung der Insulinsensitivität bekannt ist, kann die Wirkung von Kräutern wie Gymnema Sylvestre in Mischungen ergänzen, die auf den Ausgleich des Blutzuckerspiegels abzielen. Gymnema sylvestre ist ein Kraut, das traditionell zur Unterstützung eines gesunden Glukosestoffwechsels verwendet wird. Durch die Mischung dieser Kräuter mit den wärmenden Noten von Ingwer und einem Hauch Lakritz entsteht ein ausgewogener und unterstützender Kräutertee.

Heiliges Basilikum, ein adaptogenes Kraut, kann die stressabbauenden Eigenschaften von Mischungen zur Reduzierung des Bauchfetts verstärken. Durch die Kombination von heiligem Basilikum mit beruhigenden Kräutern wie Kamille oder Lavendel entsteht eine Mischung, die nicht nur die Stressbewältigung unterstützt, sondern auch zum allgemeinen Wohlbefinden beiträgt.

Praktische Tipps zur Integration von Kräutermischungen in die tägliche Routine

Bei der Herstellung von Kräutermischungen zur Reduzierung des Bauchfetts geht es nicht nur um die

Auswahl der richtigen Kräuter, sondern auch darum, diese Mischungen nahtlos in die tägliche Routine zu integrieren. Praktikabilität und Konsistenz sind der Schlüssel zum Erkennen der potenziellen Vorteile von Kräutertees. Hier einige praktische Tipps für die Integration von Kräutermischungen in den Alltag:

Morgenrituale: Beginnen Sie den Tag mit einer stoffwechselanregenden Kräutermischung. Eine Kombination aus grünem Tee, Cayennepfeffer und einem Hauch Zitrone kann einen belebenden Aufguss ergeben, der den Stoffwechsel ankurbelt. Genießen Sie es als Teil Ihrer Morgenrituale, um eine positive Stimmung für den Tag zu schaffen.

Verdauungsunterstützung zur Mittagszeit: Erwägen Sie eine Kräutermischung zur Mittagszeit, die die Verdauung unterstützt und Blähungen oder Beschwerden lindert. Löwenzahn, Fenchel und Pfefferminze bilden ein hervorragendes Trio für einen erfrischenden und verdauungsfördernden Aufguss. Trinken Sie es nach den Mahlzeiten, um die Verdauung zu unterstützen.

Muntermacher am Nachmittag: Bekämpfen Sie Nachmittagsmüdigkeit und Heißhunger mit einer

Mischung, die adaptogene Kräuter wie heiliges Basilikum oder Rhodiola enthält. Die Zugabe einer Prise Zimt kann zum Gleichgewicht des Blutzuckerspiegels beitragen. Dieser Muntermacher am Nachmittag kann für einen natürlichen Energieschub sorgen und bei der Stressbewältigung helfen.

Abendliche Entspannung: Lassen Sie den Abend mit einer beruhigenden Kräutermischung ausklingen. Kamille, Lavendel und Kurkuma ergeben einen wohltuenden Aufguss, der nicht nur die Entspannung fördert, sondern auch entzündungshemmende und metabolische Funktionen unterstützt. Integrieren Sie diese Mischung in Ihre Abendroutine, um dem Körper zu signalisieren, dass es Zeit zum Entspannen ist.

Konsistenz ist der Schlüssel: Um die potenziellen Vorteile von Kräutermischungen zur Reduzierung des Bauchfetts zu erleben, ist Konsistenz entscheidend. Machen Sie Kräutertees zu einem festen Bestandteil Ihrer Routine und passen Sie die Mischungen an Ihre Vorlieben und Bedürfnisse an. Ob eine warme Tasse am Morgen oder ein erfrischender, eisgekühlter Aufguss am Nachmittag

– finden Sie heraus, was für Sie am besten funktioniert.

Experimentieren und personalisieren: Kräuterkunde ist eine Kunst und persönliche Vorlieben spielen eine wichtige Rolle. Experimentieren Sie ruhig mit verschiedenen Kräutern, Mengenverhältnissen und Geschmackskombinationen, um die Mischungen ganz nach Ihrem Geschmack zusammenzustellen. Erwägen Sie die Beratung durch Kräuterheilkundler oder medizinisches Fachpersonal, um eine individuelle Beratung zu erhalten, die auf Ihren Gesundheitszielen und individuellen Bedürfnissen basiert.

Kapitel 4

Blähungen auf natürliche Weise lindern

Die Ursachen von Blähungen verstehen

Blähungen, ein häufiges und oft unangenehmes Gefühl, können verschiedene Ursachen haben. Das Verständnis der Ursachen von Blähungen ist für die Umsetzung wirksamer Strategien zur natürlichen Linderung dieser Erkrankung von entscheidender Bedeutung. Eine Hauptursache für Blähungen ist die Ansammlung von Gasen im Verdauungssystem. Dies kann durch die Fermentation unverdauter Nahrung im Dickdarm entstehen, was zur Bildung von Gasen wie Methan und Wasserstoff führt. Darüber hinaus trägt das häufig unbeabsichtigte Verschlucken von Luft beim Essen oder Trinken zur Bildung von Gasen im Verdauungstrakt bei.

Bestimmte Lebensmittel verursachen bekanntermaßen Blähungen, vor allem Kreuzblütler, Bohnen und kohlensäurehaltige Getränke. Diese

Lebensmittel enthalten komplexe Kohlenhydrate und Ballaststoffe, deren vollständige Verdauung schwierig sein kann, was zur Blähungen führt. Bei Personen mit Laktoseintoleranz kann es beim Verzehr von Milchprodukten zu Blähungen kommen, da ihrem Körper das Enzym fehlt, das zum Abbau von Laktose erforderlich ist.

Auch Verdauungsstörungen wie das Reizdarmsyndrom (IBS) und die entzündliche Darmerkrankung (IBD) können zu chronischen Blähungen führen. Bei einem Reizdarmsyndrom können unregelmäßige Kontraktionen der Darmmuskulatur zu einer Gasansammlung und Blähungen führen. Bei IBD kann eine Entzündung des Verdauungstrakts zu Veränderungen der Stuhlgewohnheiten und Bauchbeschwerden, einschließlich Blähungen, führen.

Darüber hinaus können hormonelle Schwankungen, insbesondere bei Frauen während der Menstruation oder Schwangerschaft, Wassereinlagerungen beeinflussen und zu Blähungen führen. Stress, ein allgegenwärtiger Faktor im modernen Lebensstil, kann die Verdauung beeinträchtigen, indem er die Bewegung des Verdauungstrakts verändert und

Blähungen fördert. Das Verständnis der verschiedenen Faktoren, die zu Blähungen beitragen, schafft die Grundlage für die Erforschung natürlicher Heilmittel, die auf bestimmte Ursachen abzielen.

Kräuter zur Linderung von Blähungen

Kräuter werden seit langem für ihre Fähigkeit geschätzt, verschiedene Beschwerden auf natürliche Weise zu lindern, und Blähungen bilden da keine Ausnahme. Die Einbeziehung bestimmter Kräuter in die eigene Routine kann dabei helfen, die zugrunde liegenden Ursachen von Blähungen zu bekämpfen und die Verdauungsbeschwerden zu fördern.

Pfefferminze mit ihrer Mentholverbindung ist ein wirksames Kraut zur Linderung von Blähungen. Es hat sich gezeigt, dass es die Muskeln des Magen-Darm-Trakts entspannt, Krämpfe reduziert und die Symptome von Verdauungsstörungen und Blähungen lindert. Vor allem Pfefferminztee ist eine beliebte und wohltuende Möglichkeit, die verdauungsfördernde Wirkung dieses Krauts zu nutzen.

Ingwer, bekannt für seine entzündungshemmenden und verdauungsfördernden Eigenschaften, ist ein weiterer pflanzlicher Verbündeter bei der Linderung von Blähungen. Ingwer kann helfen, den Verdauungsprozess anzuregen, Blähungen zu lindern und Blähungen zu reduzieren. Ob als Tee, zu den Mahlzeiten oder als Nahrungsergänzungsmittel – Ingwer bietet eine vielseitige und wirksame Möglichkeit zur Förderung des Verdauungswohls.

Fenchel, ein aromatisches Kraut mit mildem Lakritzgeschmack, wird traditionell zur Linderung von Verdauungsbeschwerden und Blähungen eingesetzt. Fenchelsamen enthalten Verbindungen mit verdauungsfördernden Eigenschaften, die helfen, den Verdauungstrakt zu entspannen und Blähungen zu reduzieren. Fencheltee, aus den Samen aufgebrüht, ist ein sanftes und aromatisches Mittel gegen Blähungen.

Kamille, bekannt für ihre beruhigende und entzündungshemmende Wirkung, kann zur Linderung von Blähungen beitragen, indem sie das Verdauungssystem beruhigt. Kamillentee, warm oder als Eisaufguss genossen, ist nicht nur ein köstliches Getränk, sondern auch ein natürliches Heilmittel gegen Verdauungsbeschwerden.

Zimt mit seinem süßen und wärmenden Geschmack wird mit der Reduzierung von Blähungen in Verbindung gebracht, indem er eine gesunde Verdauung fördert. Zimt kann dabei helfen, den Blutzuckerspiegel zu regulieren und möglicherweise Spitzen und Abstürze zu verhindern, die zu Blähungen führen. Das Einarbeiten von Zimt in Kräutermischungen oder das Streuen über Lebensmittel kann eine angenehme Möglichkeit sein, von seiner verdauungsfördernden Wirkung zu profitieren.

Diese Kräuter bieten unter anderem einen ganzheitlichen Ansatz zur Linderung von Blähungen, indem sie verschiedene Faktoren bekämpfen, die zu Verdauungsbeschwerden beitragen. Ihre natürlichen Eigenschaften bieten sanfte und dennoch wirksame Lösungen und eignen sich daher für die regelmäßige Anwendung als Teil eines umfassenden Ansatzes für die Gesundheit des Verdauungssystems.

Kräutertees für einen flacheren Magen

Kräutertees, hergestellt aus einer Kombination von Kräutern zur Linderung von Blähungen, bieten eine geschmackvolle und feuchtigkeitsspendende Möglichkeit, Blähungen zu lindern und einen flacheren Magen zu fördern. Bei der Herstellung von Kräutertees werden die Kräuter in heißem Wasser eingeweicht, sodass ihre wohltuenden Verbindungen freigesetzt und in die Flüssigkeit eingebracht werden können. Hier sind einige Kräutertees, die zu einem flacheren Magen beitragen können:

- **Pfefferminz-Ingwer-Aufguss:** Durch die Kombination von Pfefferminze und Ingwer in einem Kräuteraufguss entsteht eine dynamische Mischung, die Blähungen aus mehreren Blickwinkeln bekämpft. Pfefferminze hilft, die Muskeln des Verdauungstrakts zu entspannen, während Ingwer die Verdauung anregt und Blähungen lindert. Die Kombination dieser Kräuter sorgt für einen erfrischenden und wirksamen Aufguss für eine angenehme Verdauung.

- **Fenchel- und Kamillenaufguss:** Durch die Mischung von Fenchelsamen und Kamillenblüten entsteht ein wohltuender Aufguss, der das Verdauungssystem beruhigt und Blähungen reduziert. Die verdauungsfördernden Eigenschaften von Fenchel ergänzen die entzündungshemmende Wirkung der Kamille und machen diesen Aufguss zu einer ausgezeichneten Wahl zur Förderung der Entspannung und des Verdauungswohls.

- **Zimt-Kardamom-Aufguss:** Durch die Zugabe von Zimt und Kardamom entsteht eine warme und aromatische Mischung, die nicht nur die Sinne erfreut, sondern auch die Gesundheit des Verdauungssystems unterstützt. Die Fähigkeit von Zimt, den Blutzuckerspiegel zu regulieren, gepaart mit den verdauungsfördernden Eigenschaften von Kardamom, macht diesen Aufguss zu einer geschmackvollen Option für alle, die ein natürliches Heilmittel gegen Blähungen suchen.

- **Zitronenmelisse- und Pfefferminz-Aufguss:** Zitronenmelisse, bekannt für ihre beruhigende Wirkung, verbindet sich harmonisch mit Pfefferminze zu einem Aufguss, der Verdauungsbeschwerden lindert und die Entspannung fördert. Dieser Aufguss kann heiß oder kalt genossen werden und ist somit eine vielseitige Wahl für verschiedene Vorlieben und Anlässe.

- **Ingwer- und Kurkuma-Aufguss:** Der Aufguss von Ingwer und Kurkuma vereint zwei wirksame Kräuter mit entzündungshemmenden Eigenschaften. Diese Mischung hilft nicht nur, Blähungen zu reduzieren, sondern bietet auch zusätzliche Unterstützung für die allgemeine Verdauungs- und Stoffwechselgesundheit. Die wärmenden Noten von Ingwer ergänzen den erdigen Geschmack von Kurkuma und sorgen für einen ausgewogenen und wohltuenden Aufguss.

Die Integration von Kräutertees in die tägliche Routine bietet eine praktische und angenehme

Möglichkeit, die Gesundheit des Verdauungssystems zu unterstützen. Diese Aufgüsse können den ganzen Tag über genossen werden, sei es als Morgenritual, als Muntermacher am Nachmittag oder als beruhigendes Getränk am Abend. Das Experimentieren mit verschiedenen Kräuterkombinationen und das Finden der Geschmacksrichtungen, die zu den individuellen Vorlieben passen, verleiht dem Weg zu einem flacheren Magen eine kreative Dimension.

Kapitel 5

Lebensstiländerungen für einen flachen Bauch

Das Erreichen eines flachen Bauches geht über spezifische Heilmittel oder pflanzliche Lösungen hinaus. Dabei geht es um ganzheitliche Veränderungen des Lebensstils, die zum allgemeinen Wohlbefinden beitragen.

Bedeutung körperlicher Aktivität

Körperliche Aktivität ist ein Grundstein für das Streben nach einem flachen Bauch und allgemeiner Gesundheit. Regelmäßige Bewegung verbrennt nicht nur Kalorien, sondern spielt auch eine entscheidende Rolle bei der Straffung der Bauchmuskulatur und der Reduzierung von viszeralem Fett – der Art von Fett, das sich um innere Organe ansammelt und zum Erscheinungsbild eines hervorstehenden Bauches beiträgt.

Herz-Kreislauf-Übungen wie Laufen, zügiges Gehen oder Radfahren erhöhen die Herzfrequenz und steigern den Kalorienverbrauch. Diese Aktivitäten tragen nicht nur zur allgemeinen Gewichtsabnahme bei, sondern zielen auch gezielt auf die Reduzierung von Bauchfett ab. Darüber hinaus stärkt die Einbeziehung von Krafttrainingsübungen wie Planken, Kniebeugen und Rumpftraining die Bauchmuskulatur und sorgt für einen festeren und strafferen Mittelteil.

Die Auswirkungen körperlicher Aktivität gehen über die sichtbaren Veränderungen der Körperzusammensetzung hinaus. Sport stimuliert die Ausschüttung von Endorphinen, die oft als „Wohlfühlhormone" bezeichnet werden und zu einer verbesserten Stimmung und weniger Stress beitragen. Dieser psychologische Nutzen ist ein wesentlicher Bestandteil eines ganzheitlichen Gesundheitsansatzes, da das geistige Wohlbefinden mit dem körperlichen Wohlbefinden verknüpft ist.

Konstanz ist der Schlüssel, wenn es um körperliche Aktivität geht. Die Etablierung einer Routine, die eine Mischung aus Herz-Kreislauf- und Krafttrainingsübungen umfasst und auf das individuelle Fitnessniveau und die Vorlieben zugeschnitten ist, gewährleistet einen nachhaltigen und effektiven Ansatz. Ob tägliches Joggen, Fitnesskurs oder Heimtraining: Spaßige und abwechslungsreiche Formen der Bewegung tragen nicht nur zu einem flachen Bauch, sondern auch zur allgemeinen Vitalität bei.

Neben strukturierten Übungen ist es ebenso wichtig, Bewegung in den Alltag zu integrieren. Einfache Gewohnheiten wie Treppensteigen, kurze Strecken zu Fuß statt mit dem Auto oder Dehnübungen in den Pausen können insgesamt zu mehr körperlicher Aktivität beitragen. Ein Lebensstil, der Bewegung in den Vordergrund stellt, unterstützt die natürlichen Prozesse des Körpers und ergänzt andere Bemühungen für einen flachen Bauch.

Ausgleichende Diät zur Reduzierung des Bauchfetts

Die Ernährung spielt bei der Suche nach einem flachen Bauch eine entscheidende Rolle, und der Schwerpunkt geht über das bloße Kalorienzählen hinaus. Eine ausgewogene und nährstoffreiche Ernährung trägt zu einer nachhaltigen Gewichtskontrolle und zur Reduzierung von Bauchfett bei. Hier sind die wichtigsten

Überlegungen für die Gestaltung einer Diät, die zur Reduzierung des Bauchfetts beiträgt:

- **Betonen Sie Vollwertkost:** Die Aufnahme vollwertiger, nährstoffreicher Lebensmittel in die Ernährung liefert wichtige Vitamine, Mineralien und Ballaststoffe. Obst, Gemüse, Vollkornprodukte, mageres Eiweiß und gesunde Fette tragen zum Sättigungsgefühl bei und unterstützen die allgemeine Gesundheit. Vor allem Ballaststoffe unterstützen die Verdauung und helfen, Verstopfung vorzubeugen, wodurch die Wahrscheinlichkeit von Blähungen verringert wird.

- **Achtsames Essen:** Achtsames Essen bedeutet, auf Hunger- und Sättigungssignale zu achten, den Geschmack von Speisen zu genießen und Ablenkungen während der Mahlzeiten zu vermeiden. Dieser Ansatz fördert eine gesunde Beziehung zur Nahrung, fördert eine bessere Verdauung und verhindert übermäßiges Essen.

- **Teil Kontrolle:** Während die Qualität der Lebensmittel entscheidend ist, ist die Steuerung der Portionsgrößen ebenso wichtig. Die Beachtung der Portionskontrolle trägt dazu bei, die Kalorienaufnahme zu regulieren und übermäßigen Verzehr zu verhindern. Die Verwendung kleinerer Teller, das Abmessen der Portionen und die Beachtung der Hungersignale tragen zu einer effektiven Portionskontrolle bei.

- **Flüssigkeitszufuhr:** Eine gute Flüssigkeitszufuhr ist ein einfacher, aber wirkungsvoller Aspekt einer ausgewogenen Ernährung. Wasser unterstützt die Verdauung, sorgt für ein Sättigungsgefühl und trägt zur allgemeinen Stoffwechselfunktion bei. Die Entscheidung für Wasser als Hauptgetränk anstelle von zuckerhaltigen Getränken oder übermäßigem Koffein unterstützt sowohl die Flüssigkeitszufuhr als auch die Reduzierung des Bauchfetts.

- **Begrenzen Sie zugesetzten Zucker und verarbeitete Lebensmittel:** Übermäßiger Verzehr von zugesetztem Zucker und stark verarbeiteten Lebensmitteln trägt zu Entzündungen und Gewichtszunahme bei, insbesondere im Bauchbereich. Die Minimierung der Aufnahme von zuckerhaltigen Snacks, Limonaden und verarbeiteten Lebensmitteln trägt dazu bei, eine Ernährung zu schaffen, die sich auf nährstoffreiche Vollwertkost konzentriert.

- **Fügen Sie gesunde Fette hinzu:** Die Einbeziehung gesunder Fettquellen wie Avocados, Nüsse, Samen und Olivenöl unterstützt die allgemeine Gesundheit und das Sättigungsgefühl. Gesunde Fette tragen zu einem Sättigungsgefühl bei und stellen eine stabile Energiequelle dar, wodurch die Wahrscheinlichkeit einer übermäßigen Ernährung verringert wird.

Bei einer ausgewogenen Ernährung geht es nicht um strenge Einschränkungen, sondern darum, nachhaltige und fundierte Entscheidungen zu treffen, die mit den individuellen Vorlieben und Gesundheitszielen im Einklang stehen. Die Zusammenarbeit mit einem registrierten Ernährungsberater oder Ernährungsexperten kann eine individuelle, auf die individuellen Bedürfnisse abgestimmte Beratung bieten und einen umfassenden Ansatz zur Reduzierung des Bauchfetts gewährleisten.

Stressmanagement für einen gesunden Mittelteil

Stress, ein allgegenwärtiger Aspekt des modernen Lebens, hat erheblichen Einfluss auf das geistige und körperliche Wohlbefinden, einschließlich des Aussehens der Körpermitte. Chronischer Stress löst die Ausschüttung von Cortisol aus, einem Hormon, das mit der „Kampf-oder-Flucht"-Reaktion des Körpers verbunden ist. Ein erhöhter Cortisolspiegel trägt im Laufe der Zeit zur Ansammlung von viszeralem Fett bei, insbesondere im Bauchbereich.

Stressbewältigung ist daher ein wesentlicher Bestandteil der Kultivierung eines gesunden Mittelteils. Die Integration stressreduzierender Praktiken in den Alltag trägt nicht nur zur Reduzierung des Bauchfetts bei, sondern auch zum allgemeinen geistigen und emotionalen Wohlbefinden. Hier sind wirksame Strategien zur Stressbewältigung:

- **Achtsamkeit und Meditation:** Achtsamkeitsübungen, einschließlich Meditation und Atemübungen, fördern die Entspannung und helfen, die Auswirkungen von Stress auf den Körper zu mildern. Diese Praktiken fördern das Bewusstsein für den gegenwärtigen Moment, fördern ein Gefühl der Ruhe und senken den Cortisolspiegel.

- **Regelmäßige körperliche Aktivität:** Bewegung ist neben den körperlichen Vorteilen auch ein wirksames Mittel zur Stressbewältigung. Regelmäßige körperliche Aktivität trägt zur Freisetzung von Endorphinen bei, den natürlichen Stressabbaumitteln des Körpers. Ob ein flotter Spaziergang, eine Yoga-Sitzung oder ein Trainingsprogramm: Körperliche Aktivität trägt zu einer ausgeglichenen und belastbaren Reaktion auf Stress bei.

- **Ausreichender Schlaf:** Die Priorisierung eines guten Schlafes ist für die Stressbewältigung von grundlegender Bedeutung. Schlafmangel kann den

Hormonhaushalt, einschließlich der Cortisolregulierung, stören und zu erhöhtem Stress führen. Die Etablierung konsistenter Schlafmuster und die Schaffung einer günstigen Schlafumgebung tragen zum allgemeinen Wohlbefinden bei.

- **Soziale Verbindung:** Der Aufbau und die Aufrechterhaltung sozialer Verbindungen bieten emotionale Unterstützung und dienen als Puffer gegen Stress. Ob durch Freundschaften, familiäre Beziehungen oder gesellschaftliches Engagement – die Förderung sozialer Verbindungen trägt zu einem Zugehörigkeitsgefühl und einer Widerstandsfähigkeit gegenüber Stressfaktoren bei.

- **Zeitmanagement und Priorisierung:** Ein effektives Zeitmanagement und das Setzen realistischer Prioritäten tragen zur Stressreduzierung bei. Aufgaben in überschaubare Schritte aufzuteilen, Grenzen zu setzen und zu lernen, bei Bedarf „Nein" zu sagen, beugt überwältigendem Stress vor und sorgt für einen ausgeglicheneren Lebensstil.

- **Hobbys und Entspannungsaktivitäten:** Die Ausübung von Hobbys und Aktivitäten, die Freude und Entspannung bringen, ist ein wesentlicher Aspekt der Stressbewältigung. Ob Lesen, Gartenarbeit, Kunst oder Zeit in der Natur verbringen – diese Aktivitäten bieten eine Erholung von Stress und tragen zum allgemeinen Wohlbefinden bei.

Das Verständnis des Zusammenhangs zwischen Stress und einer gesunden Körpermitte macht deutlich, wie wichtig es ist, einen ganzheitlichen Ansatz für das Wohlbefinden zu entwickeln. Die Umsetzung von Stressbewältigungspraktiken unterstützt nicht nur die Reduzierung des Bauchfetts, sondern trägt auch zu mehr Belastbarkeit, emotionalem Gleichgewicht und einem lebendigeren Leben bei.

Kapitel 6

Rezepte und pflanzliche Heilmittel

Gesunde und köstliche Kräuterrezepte

Auf dem Weg zu einem flachen Bauch und allgemeinem Wohlbefinden steht die Ernährung im Mittelpunkt. Die Einbeziehung pflanzlicher Heilmittel in köstliche und nahrhafte Rezepte verbessert nicht nur den Geschmack, sondern bietet auch einen ganzheitlichen Ansatz zur Unterstützung der Verdauungsgesundheit. Der folgende Abschnitt untersucht eine Vielzahl gesunder und köstlicher Kräuterrezepte und zeigt die Vielseitigkeit von Kräutern, das kulinarische Erlebnis zu verbessern und gleichzeitig zu einem flachen Bauch beizutragen.

Mit Kräutern angereicherter Quinoa-Salat:
Beginnen Sie mit einer Basis aus lockerem Quinoa, einem proteinreichen Getreide, das die Grundlage für diesen lebendigen Salat bildet. Fügen Sie eine

Mischung aus frischen Kräutern wie Petersilie, Koriander und Minze hinzu, um dem Gericht einen Hauch von Geschmack und Nährwert zu verleihen. Für mehr Knusprigkeit und Vitamine fügen Sie buntes Gemüse wie Kirschtomaten, Gurken und Paprika hinzu. Den Salat mit einer leichten Vinaigrette aus Olivenöl, Zitronensaft und einem Hauch beliebter Kräuter wie Oregano und Thymian anrichten. Dieser mit Kräutern angereicherte Quinoa-Salat befriedigt nicht nur den Gaumen, sondern ist auch eine nahrhafte Option voller essentieller Nährstoffe.

Basilikum-Tomaten-Zoodle-Bowl:
Machen Sie sich den Trend der Gemüsenudeln oder „Zoodles" zu eigen, indem Sie Zucchini spiralförmig formen, um eine leichte und erfrischende Nudelalternative zu schaffen. In diesem Rezept steht die aromatische Essenz des Basilikums im Mittelpunkt und verfeinert die Zoodles mit ihrem unverwechselbaren Geschmack. Mischen Sie die Zoodles mit Kirschtomaten, Knoblauch und einem Schuss Olivenöl. Runden Sie das Gericht mit einer Prise Parmesankäse und einem Hauch frischer Basilikumblätter ab. Diese kohlenhydratarme und kräuterzentrierte Zoodle-Bowl ist nicht nur optisch

ansprechend, sondern auch eine wunderbare Möglichkeit, die Vorteile von Basilikum in eine sättigende Mahlzeit zu integrieren.

Minziger Wassermelonen-Feta-Salat:
Nutzen Sie die erfrischenden Eigenschaften der Minze in einem sommerlich inspirierten Wassermelonen-Feta-Salat. Reife Wassermelonen würfeln und mit zerkrümeltem Feta-Käse kombinieren, um einen süß-herzhaften Kontrast zu schaffen. Die Zugabe von gehackten frischen Minzblättern verstärkt den Geschmack und sorgt für ein kühlendes Gefühl. Ein Schuss Balsamico-Glasur oder eine Prise schwarzer Pfeffer können den Geschmack noch verstärken. Dieser minzige Wassermelonen-Feta-Salat bietet eine feuchtigkeitsspendende und mit Kräutern angereicherte Option, die als leichte Mahlzeit oder erfrischende Beilage genossen werden kann.

Gegrilltes Rosmarin-Zitronen-Hähnchen:
Verfeinern Sie gegrilltes Hähnchen mit der aromatischen Kombination aus Rosmarin und Zitrone. Hähnchenbrust mit einer Mischung aus frischem Rosmarin, gehacktem Knoblauch, Zitronenschale und Olivenöl marinieren. Lassen Sie

die Aromen verschmelzen, bevor Sie perfekt grillen. Das Ergebnis ist ein herzhaftes und mit Kräutern angereichertes Grillhähnchen, das gut zu einer Vielzahl von Beilagen passt. Ob mit geröstetem Gemüse, einem Quinoa-Salat oder einem einfachen grünen Salat serviert, dieses mit Rosmarin und Zitrone gegrillte Hähnchen verleiht der Proteinkomponente einer ausgewogenen Mahlzeit einen Hauch von Kräutergeschmack.

Diese Rezepte zeigen die Vielseitigkeit von Kräutern, die das kulinarische Erlebnis bereichern und gleichzeitig zu einem flachen Bauch beitragen. Das Experimentieren mit verschiedenen Kräuterkombinationen ermöglicht es dem Einzelnen, Rezepte an seine Vorlieben und Ernährungsbedürfnisse anzupassen. Ganz gleich, ob Sie einen leichten und erfrischenden Salat, eine würzige Zoodle-Bowl oder ein herzhaftes gegrilltes Protein suchen, die Einbeziehung von Kräutern in alltägliche Mahlzeiten kann eine köstliche und gesundheitsbewusste Wahl sein.

DIY-Kräuterheilmittel gegen flachen Bauch

Zusätzlich zum Einbringen von Kräutern in kulinarische Kreationen bieten selbstgemachte (DIY) Kräuterheilmittel einen direkteren und konzentrierteren Ansatz zur Nutzung der therapeutischen Eigenschaften von Kräutern zur Förderung eines flachen Bauches. Diese Heilmittel können ganz einfach zu Hause zubereitet werden, sodass der Einzelne eine aktive Rolle bei seinem Weg zum Wohlbefinden übernehmen kann. Im folgenden Abschnitt werden verschiedene pflanzliche Heilmittel zum Selbermachen vorgestellt, die jeweils bestimmte Aspekte der Verdauungsgesundheit ansprechen und zu einem flacheren Magen beitragen sollen.

Pfefferminz-Aufguss für eine angenehme Verdauung:
Pfefferminze mit ihrer Mentholverbindung ist bekannt für ihre Fähigkeit, den Verdauungstrakt zu beruhigen und Symptome von Verdauungsstörungen, Blähungen und Blähungen zu lindern. Einen Pfefferminzaufguss zuzubereiten ist ein einfaches, aber effektives DIY-Mittel. Eine

Handvoll frische Pfefferminzblätter oder einen Teelöffel getrocknete Pfefferminze in heißem Wasser einweichen. Lassen Sie es einige Minuten ziehen und seihen Sie dann die Blätter ab. Der resultierende Pfefferminzaufguss kann nach den Mahlzeiten oder bei Verdauungsbeschwerden getrunken werden, um den Verdauungskomfort zu fördern und Blähungen zu reduzieren.

Ingwer-Zitronen-Elixier zur Stoffwechselankurbelung:
Ingwer, der für seine entzündungshemmenden und stoffwechselanregenden Eigenschaften bekannt ist, harmoniert in einem DIY-Elixier nahtlos mit der zitrischen Note von Zitrone. Reiben Sie frischen Ingwer und vermischen Sie ihn mit frisch gepresstem Zitronensaft in einem Glas warmem Wasser. Optional können Sie für die Süße einen Schuss Honig hinzufügen. Dieses Ingwer-Zitronen-Elixier dient als revitalisierendes und belebendes Getränk, das nicht nur die Verdauung fördert, sondern auch die Stoffwechselfunktionen unterstützt. Der Verzehr am Morgen oder vor den Mahlzeiten kann ein erfrischendes Ritual für den Start in den Tag sein.

Goldene Kurkumamilch zur entzündungshemmenden Unterstützung:

Kurkuma, geschätzt für seinen Wirkstoff Curcumin mit entzündungshemmenden Eigenschaften, bildet die Grundlage der bekannten goldenen Milch. Kombinieren Sie in einem Topf Kurkumapulver mit Kokosmilch oder einer beliebigen Milchalternative. Fügen Sie eine Prise schwarzen Pfeffer hinzu, um die Aufnahme von Curcumin zu verbessern. Süßen Sie die goldene Milch mit etwas Honig oder Ahornsirup und erhitzen Sie die Mischung, bis sie warm ist. Diese goldene Kurkuma-Milch zum Selbermachen ist ein wohltuendes und entzündungshemmendes Getränk, das Sie abends als wohltuendes Ritual vor dem Schlafengehen genießen können.

Fenchelsamenaufguss für eine bessere Verdauung:

Fenchelsamen, die für ihre verdauungsfördernden Eigenschaften bekannt sind und dabei helfen, Blähungen und Blähungen zu lindern, können in einen Verdauungsaufguss umgewandelt werden. Einen Esslöffel Fenchelsamen zerstoßen und in heißem Wasser einweichen. Lassen Sie die Samen etwa 10 Minuten ziehen, bevor Sie sie abseihen.

Dieser Fenchelsamenaufguss kann als warmer Tee nach den Mahlzeiten getrunken werden, um die Verdauung zu erleichtern. Der milde Lakritzgeschmack verleiht dem Aufguss eine angenehme Note und macht ihn sowohl beruhigend als auch vorteilhaft für die Gesundheit des Verdauungssystems.

Zimt-Honig-Wasser für den Blutzuckerausgleich: Zimt hat das Potenzial, die Insulinsensitivität zu verbessern, und kann in ein DIY-Heilmittel zur Unterstützung des Blutzuckergleichgewichts eingearbeitet werden. Mischen Sie einen Teelöffel Zimtpulver mit warmem Wasser und fügen Sie für die Süße einen Teelöffel Honig hinzu. Rühren Sie die Mischung gut um und verzehren Sie sie regelmäßig. Dieses Zimt-Honig-Wasser bietet eine geschmackvolle und natürliche Möglichkeit, die blutzuckerregulierenden Eigenschaften von Zimt in die tägliche Routine zu integrieren.

Diese DIY-Kräuterheilmittel bieten einfache und praktische Möglichkeiten, die Vorteile von Kräutern für die Gesundheit des Verdauungssystems und einen flachen Bauch zu nutzen. Die Integration dieser Heilmittel in die tägliche Routine ermöglicht es dem Einzelnen, proaktive Maßnahmen zur Unterstützung seines Wohlbefindens zu ergreifen. Es ist wichtig zu beachten, dass die individuellen Reaktionen auf Kräuter unterschiedlich sein können und dass die Rücksprache mit medizinischem Fachpersonal oder Kräuterkundigen ratsam ist, insbesondere bei Personen mit bereits bestehenden gesundheitlichen Problemen oder Bedenken.

Einbeziehung von Kräutern in alltägliche Mahlzeiten

Über spezifische Kräuterrezepte und Heilmittel hinaus verleiht die nahtlose Integration von Kräutern in alltägliche Mahlzeiten einer Vielzahl von Gerichten Geschmackstiefe, ernährungsphysiologische Vorteile und einen Hauch pflanzlicher Güte. Dieser Ansatz ermöglicht es Einzelpersonen, die Vorteile von Kräutern auf nachhaltige und angenehme Weise zu ernten. Hier sind kreative Möglichkeiten, Kräuter in alltägliche Mahlzeiten zu integrieren:

Mit Kräutern angereicherte Öle und Dressings:

Kreieren Sie mit Kräutern angereicherte Öle und Dressings, indem Sie frische oder getrocknete Kräuter mit Olivenöl oder anderen bevorzugten Ölen kombinieren. Verwenden Sie diese angereicherten Öle als Basis für Salatdressings, träufeln Sie sie über gegrilltes Gemüse oder integrieren Sie sie in Marinaden für Fleisch. Basilikum, Thymian, Rosmarin und Oregano eignen sich hervorragend zum Aufgießen von Ölen und verleihen verschiedenen Gerichten einen Hauch Kräutergeschmack.

Frische Kräuter in Suppen und Eintöpfen:
Verbessern Sie das Geschmacksprofil von Suppen und Eintöpfen, indem Sie während des Kochvorgangs eine Handvoll frische Kräuter hinzufügen. Ob Petersilie in der Hühnersuppe, Koriander im Linseneintopf oder Dill in der Gemüsebrühe – frische Kräuter verleihen dem Gericht Frische und Lebendigkeit. Erwägen Sie, gegen Ende der Garzeit Kräuter hinzuzufügen, um ihren delikaten Geschmack zu bewahren.

Mit Kräutern angereicherte Wässer und Eistees:
Bleiben Sie mit Kräuterwasser oder Eistee ausreichend hydriert. Experimentieren Sie mit

Kombinationen wie Gurke und Minze, Zitrone und Basilikum oder Rosmarin und Beeren. Lassen Sie die Kräuter in kaltem Wasser oder Tee ziehen, um ein erfrischendes Getränk zu erhalten, das nicht nur den Durst löscht, sondern auch für eine subtile Kräuternote sorgt.

Kräutergarnituren für einen optischen Reiz:
Verbessern Sie die optische Attraktivität von Gerichten durch die Verwendung frischer Kräuterbeilagen. Streuen Sie gehackten Koriander über Tacos, fügen Sie einen Zweig Thymian zu geröstetem Gemüse hinzu oder streuen Sie Basilikumblätter auf einen Caprese-Salat. Kräuterbeilagen tragen nicht nur zur Ästhetik bei, sondern sorgen auch für eine Geschmacksexplosion, die das gesamte Speiseerlebnis aufwertet.

Kräutertees in Getreide und Hülsenfrüchten:
Verleihen Sie Getreide und Hülsenfrüchten den Kräutergeschmack, indem Sie während des Kochvorgangs frische oder getrocknete Kräuter hinzufügen. Rühren Sie zum Beispiel gehackten Dill in gekochten Quinoa, geben Sie Rosmarin in einen Topf mit köchelnden Linsen oder mischen Sie Thymian mit Reis. Diese einfache Zugabe verleiht

Grundzutaten Kräuternuancen und verwandelt sie in geschmackvolle und aromatische Bestandteile einer Mahlzeit.

Die Einbeziehung von Kräutern in alltägliche Mahlzeiten ist ein kulinarisches Abenteuer, das sowohl Nährwert als auch Sinnesfreude steigert. Ob durch Aufgüsse, Garnierungen oder kreative Anwendungen beim Kochen, Kräuter können zu integralen Bestandteilen einer ausgewogenen und schmackhaften Ernährung werden. Dieser Ansatz ermöglicht es Einzelpersonen, die Vorteile von Kräutern mühelos in ihr kulinarisches Repertoire zu integrieren und so sowohl zur Zufriedenheit des Gaumens als auch zum allgemeinen Wohlbefinden beizutragen.

Kapitel 7

Aufrechterhaltung langfristiger Ergebnisse

Bei der Erhaltung eines flachen Bauches geht es nicht nur um kurzfristige Heilmittel. Dabei geht es darum, nachhaltige Gewohnheiten zu etablieren, die zum allgemeinen Wohlbefinden beitragen

Nachhaltige Gewohnheiten etablieren

Die Grundlage für die Aufrechterhaltung langfristiger Ergebnisse liegt in der Etablierung nachhaltiger Gewohnheiten, die mit den individuellen Lebensstilen und Vorlieben übereinstimmen. Crash-Diäten oder extreme Trainingsprogramme bieten möglicherweise schnelle Lösungen, erweisen sich jedoch auf lange Sicht oft als nicht nachhaltig. Nachhaltige Gewohnheiten hingegen sind solche, die sich nahtlos in das tägliche Leben integrieren lassen und Beständigkeit und schrittweisen Fortschritt fördern.

Ein wesentlicher Aspekt nachhaltiger Gewohnheiten ist die Pflege einer ausgewogenen und abwechslungsreichen Ernährung. Anstatt restriktive Diäten einzuhalten, können sich Einzelpersonen auf die Aufnahme nährstoffreicher Lebensmittel konzentrieren, darunter eine vielfältige Auswahl an Obst, Gemüse, Vollkornprodukten, magerem Eiweiß und gesunden Fetten. Mäßigung und Achtsamkeit beim Essen fördern eine gesunde Beziehung zum Essen und verhindern den Kreislauf extremer Einschränkungen, gefolgt von übermäßigem Genuss.

Regelmäßige körperliche Aktivität ist ein weiterer Grundstein für nachhaltige Gewohnheiten zur Erhaltung eines flachen Bauches. Anstatt Sport als eine vorübergehende Anstrengung zum Abnehmen zu betrachten, sollte er als lebenslanges Engagement für die allgemeine Gesundheit betrachtet werden. Das Finden angenehmer Formen der Bewegung, sei es Spazierengehen, Schwimmen, Tanzen oder Yoga, sorgt dafür, dass Einzelpersonen ihre Fitnessroutinen langfristig eher einhalten.

Ausreichender Schlaf und Stressbewältigung spielen ebenfalls eine entscheidende Rolle für die

Aufrechterhaltung positiver Ergebnisse. Die Priorisierung eines guten Schlafs unterstützt das allgemeine Wohlbefinden, einschließlich des Hormonhaushalts und des Stoffwechsels. Wenn Stress nicht bewältigt wird, kann er zur Ansammlung von viszeralem Fett beitragen. Stressreduzierende Praktiken wie Achtsamkeit, Meditation oder Hobbys tragen zu einer ausgeglicheneren und belastbareren Einstellung zum Leben bei.

Verfolgen Sie den Fortschritt und passen Sie den Ansatz an

Die Aufrechterhaltung langfristiger Ergebnisse erfordert ein Bewusstsein für den Fortschritt und die Bereitschaft, Ansätze auf der Grundlage individueller Reaktionen anzupassen. Die Verfolgung des Fortschritts umfasst mehr als nur die Überwachung des Gewichts. Es umfasst verschiedene Indikatoren wie Veränderungen des Energieniveaus, der Stimmung und des allgemeinen Wohlbefindens. Das Führen eines Tagebuchs oder die Verwendung von Apps zum Aufzeichnen von Mahlzeiten, Trainingsroutinen und emotionalen

Zuständen liefert wertvolle Einblicke in Muster und Trends.

Bei der Verfolgung des Fortschritts ist es wichtig, ihn aus einer ganzheitlichen Perspektive anzugehen. Während sichtbare Veränderungen in der Körperzusammensetzung von Bedeutung sind, sollten auch nicht maßstabsgetreue Erfolge wie eine verbesserte Verdauung, mehr Energie und eine verbesserte Stimmung anerkannt werden. Das Feiern dieser Siege verstärkt die positiven Auswirkungen von Lebensstiländerungen und motiviert den Einzelnen, sich weiterhin für seine langfristigen Ziele einzusetzen.

Die Anpassung des Ansatzes erfordert Flexibilität und Anpassungsfähigkeit. Der Körper reagiert unterschiedlich auf verschiedene Eingriffe und was für den einen funktioniert, ist für den anderen möglicherweise nicht geeignet. Wenn eine bestimmte Trainingsroutine eintönig wird oder sich ein Ernährungsansatz einschränkend anfühlt, ist es möglicherweise an der Zeit, nach Alternativen zu suchen. Der Schlüssel liegt darin, auf die Signale des Körpers zu hören und Anpassungen vorzunehmen, die den individuellen Bedürfnissen und Vorlieben entsprechen.

Die regelmäßige Neubewertung von Zielen ist eine wertvolle Vorgehensweise zur Aufrechterhaltung langfristiger Ergebnisse. Mit der Weiterentwicklung des Einzelnen entwickeln sich auch seine Prioritäten und Bestrebungen. Durch die Anpassung der Ziele an veränderte Umstände wird sichergestellt, dass das Streben nach einem flachen Bauch weiterhin relevant und im Einklang mit dem allgemeinen Wohlbefinden steht. Ganz gleich, ob es darum geht, sich neuen Fitnessherausforderungen zu stellen, verschiedene Arten von körperlichen Aktivitäten auszuprobieren oder die Ernährungsgewohnheiten zu verfeinern: Die Anpassung von Zielen trägt zu einer nachhaltigen Motivation bei.

Kräuterpflege für einen dauerhaft flachen Bauch

Kräuter können mit ihren vielfältigen therapeutischen Eigenschaften eine wesentliche Rolle bei der Erhaltung eines dauerhaft flachen Bauches spielen. Bei der Kräuterpflege geht es darum, Kräuter in die tägliche Routine zu integrieren, um die Gesundheit des Verdauungssystems, den Stoffwechsel und das allgemeine Wohlbefinden zu unterstützen. Die folgenden Kräuter sind aufgrund ihres Beitrags zur Erhaltung eines flachen Bauches besonders hervorzuheben:

Fenchel: Fenchel ist für seine verdauungsfördernden Eigenschaften bekannt, unterstützt die Verdauung und lindert Blähungen. Das Trinken von Fencheltee nach den Mahlzeiten kann eine einfache und effektive Möglichkeit sein, dieses Kraut in die tägliche Routine zu integrieren.

Löwenzahn: Löwenzahn wird oft als sanftes Diuretikum verwendet und kann dazu beitragen, Wassereinlagerungen zu reduzieren und die Lebergesundheit zu unterstützen. Löwenzahntee oder die Einarbeitung von Löwenzahngrün in Salate sind Möglichkeiten, von diesem pflanzlichen Verbündeten zu profitieren.

Ingwer: Ingwer ist für seine entzündungshemmende und verdauungsfördernde Wirkung bekannt und kann in verschiedenen Formen verzehrt werden. Ob im Tee, gerieben in Speisen oder als

Nahrungsergänzungsmittel – Ingwer unterstützt den Verdauungskomfort und das allgemeine Wohlbefinden.

Kurkuma: Der Wirkstoff Curcumin in Kurkuma hat entzündungshemmende Eigenschaften. Die Verwendung von Kurkuma beim Kochen, die Herstellung von mit Kurkuma angereicherter goldener Milch oder die Einnahme von Kurkuma-Ergänzungsmitteln trägt zu einer gesunden Entzündungsreaktion bei und unterstützt die Gesundheit des Verdauungssystems.

Pfefferminze: Mit seiner Mentholverbindung hilft Pfefferminze, die Muskeln des Magen-Darm-Trakts zu entspannen, Krämpfe zu reduzieren und Verdauungsbeschwerden zu lindern. Pfefferminztee oder das Hinzufügen frischer Pfefferminzblätter zu Gerichten sind wunderbare Möglichkeiten, dieses Kraut zu genießen.

Zimt: Zimt ist für sein Potenzial zur Regulierung des Blutzuckerspiegels bekannt und kann in verschiedene Rezepte integriert werden. Das Streuen von Zimt auf Haferflocken, die Zugabe zu

Smoothies oder der Genuss in Kräutertees trägt zum Gleichgewicht des Blutzuckerspiegels bei.

Die Einbeziehung dieser Kräuter in das tägliche Leben verbessert nicht nur den Geschmack von Speisen und Getränken, sondern unterstützt auch dauerhaft die Gesundheit des Verdauungssystems. Das Erstellen von Kräuterroutinen, wie z. B. das Genießen einer Tasse Kräutertee nach dem Essen oder das Experimentieren mit Kräuterrezepten, trägt dazu bei, insgesamt einen flachen Bauch zu erhalten.

Abschluss

Die Einführung eines gesünderen Lebensstils ist eine transformative Reise, die über das Streben nach einem flachen Bauch hinausgeht – sie ist eine Verpflichtung zu allgemeinem Wohlbefinden und Vitalität. Denken Sie auf diesem Weg daran, dass jede positive Entscheidung, egal wie klein sie ist, zu einem gesünderen und erfüllteren Leben beiträgt.

Feiern Sie Ihre Siege, sowohl sichtbare als auch unsichtbare. Ob es die Energie ist, die durch eine nahrhafte Mahlzeit gewonnen wird, die Freude an einer Lieblingsübung oder das neu gewonnene Gleichgewicht beim Umgang mit Stress – das sind die Bausteine für ein gesünderes Leben. Betrachten Sie die Reise als eine Reihe von Schritten, von denen jeder einzelne Sie einem nachhaltigen Wohlbefinden näher bringt.

Denken Sie in Momenten der Herausforderung an die Widerstandskraft in Ihnen. Passen Sie Ihren Ansatz mit Freundlichkeit und Verständnis an und erkennen Sie an, dass Wachstum oft sowohl Fortschritte als auch Rückschläge mit sich bringt. Entwickeln Sie eine Denkweise, die die Reise genauso schätzt wie das Ziel, und finden Sie Freude an den täglichen Gewohnheiten, die zu einem gesünderen und lebendigeren Leben beitragen.

Umgeben Sie sich mit einer unterstützenden Gemeinschaft – seien es Freunde, Familie oder Gleichgesinnte auf einer ähnlichen Reise. Teilen Sie Erfahrungen, suchen Sie Ermutigung und bieten Sie Unterstützung an. Die kollektive Energie eines unterstützenden Netzwerks kann ein starker Katalysator für positive Veränderungen sein.

Wenn Sie pflanzliche Heilmittel, nahrhafte Entscheidungen und achtsame Praktiken in Ihr tägliches Leben integrieren, lassen Sie sie zu integralen Bestandteilen eines ganzheitlichen und nachhaltigen Lebensstils werden. Genießen Sie die Momente der Selbstfürsorge, genießen Sie den Geschmack nahrhafter Lebensmittel und genießen Sie die belebenden Vorteile der Bewegung. Lassen Sie diese Elemente nicht nur zu einem flachen Bauch beitragen, sondern auch zu einem Leben voller Vitalität und Wohlbefinden beitragen.

Lassen Sie sich ermutigen, den Weg zu einem gesünderen Lebensstil fortzusetzen – einem

Lebensstil, der über das äußere Erscheinungsbild hinausgeht und das ganzheitliche Bild Ihres Wohlbefindens umfasst. Ihr Engagement für die Gesundheit ist ein Geschenk an Sie selbst, und mit jeder bewussten Entscheidung gestalten Sie eine Zukunft voller Vitalität, Ausgeglichenheit und dauerhaftem Wohlbefinden. Möge Ihr Weg von kontinuierlichem Wachstum, Selbstliebe und den blühenden Belohnungen eines gesünderen und glücklicheren Menschen erfüllt sein.

www.ingramcontent.com/pod-product-compliance
Lightning Source LLC
Chambersburg PA
CBHW070822280726
48660CB00017B/2389